DON BOSCO

Rosemarie Portmann

Die 50 besten Bewegungsspiele für Senioren

DON BOSCO

MiniSpielothek

Gerne nehmen wir Ihre Anregungen,
Wünsche, Kritik oder Fragen entgegen:
Don Bosco Medien GmbH, Sieboldstraße 11, D-81669 München
anregungen@donbosco-medien.de
Servicetelefon: +49(0)89 48008-341

Bibliografische Information der Deutschen Nationalbibliothek

Die Deutsche Nationalbibliothek verzeichnet diese Publikation in der Deutschen Nationalbibliografie; detaillierte bibliografische Daten sind im Internet über http://dnb.d-nb.de abrufbar.

klimaneutral
gedruckt
www.klima-druck.de
ID-Nr. 22121835
bvdm.

4. Auflage 2023 / ISBN 978-3-7698-2227-4

www.donbosco-medien.de
Umschlag: Manfred Lehner, Blue Cat Design
Umschlagfoto: Olga Cherko, tunedin © fotolia
Layout: Alexandra Paulus
Satz: Don Bosco Medien GmbH, München
Druck: Don Bosco Druck & Design, Ursensollen

Gedruckt auf umweltfreundlichem Papier

Inhalt

Der Mensch ist nur da ganz Mensch, wo er spielt.

Friedrich Schiller

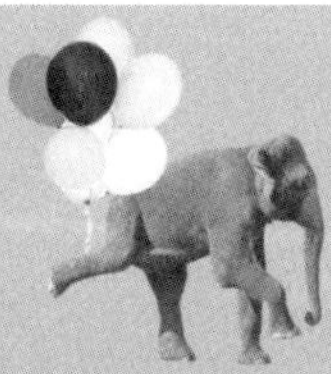

Bewegungs-spiele im Kreis

Mein rechter, rechter Platz ist frei

Dieses Spiel eignet sich gut zum Kennenlernen. Die Gruppenmitglieder sitzen auf Stühlen im Kreis, wobei ein Platz frei bleibt. Die Person links neben dem freien Stuhl beginnt, indem sie sagt: „Mein rechter, rechter Platz ist frei, ich wünsche mir den/die ... herbei!" Dabei nennt sie den Namen eines Mitspielenden. Der bzw. die Gewünschte steht auf und wechselt auf den freien Stuhl. Die Person, neben der dadurch ein Platz frei wird, setzt das Spiel auf die beschriebene Weise fort.

Variation

Das Spiel kann auch so gespielt werden, dass die Gruppenmitglieder nicht von ihrem Platz aufstehen müssen. In diesem Fall bleibt kein Stuhl frei. Stattdessen wird auf die rechte Armlehne oder den rechten Oberschenkel geklopft und dazu gesprochen: „Ich wünsche mir, dass ... ***(Name) (pfeift, mit der linken Hand winkt, den Kopf schüttelt, wie ein Vogel mit den Armen flattert, die Stirn in Falten legt ...)***"

Bei dieser Spielvariante muss in besonderer Weise darauf geachtet werden, dass die Bewegungen von den gewünschten Gruppenmitgliedern auch im Sitzen leicht ausgeführt werden können.

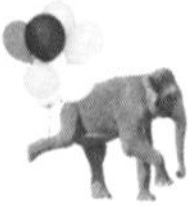

Plätze tauschen

Alle sitzen im Kreis. Die Spielleitung steht in der Mitte. Sie formuliert nacheinander verschiedene Aussagen, die sich auf das Interesse der Gruppenmitglieder an Bewegung und Musik beziehen. Alle, auf die die jeweilige Aussage zutrifft, stehen auf und tauschen ihre Plätze.

Beispiel

„Alle, die ...
sich gerne bewegen/ein Instrument spielen bzw. gespielt haben/gerne singen/in einem Chor singen bzw. gesungen haben/gerne tanzen/Volkslieder mögen/gerne in die Oper gehen/Gymnastik machen
... tauschen jetzt die Plätze!“

Die Gruppe erfährt auf diese Weise viel über die Einstellung der einzelnen Personen zu Bewegung und Musik, ohne dass direkt darüber gesprochen werden muss. Die Gruppenleitung kann die Erkenntnisse aus diesem Bewegungsspiel gut für die Planung weiterer

Gruppenstunden und die Auswahl der Spiele und Übungen nutzen.

Variation

Statt aufzustehen und die Plätze zu tauschen, heben die Gruppenmitglieder bei den Aussagen, die zu ihnen passen, einen oder beide Arme und winken sich zu. Wenn die Bewegungsmöglichkeiten der Teilnehmenden sehr eingeschränkt sind, nicken sie nur mit dem Kopf.

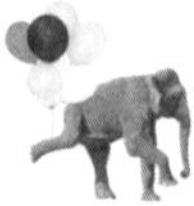

Schlappes hat den Hut verlorn

Die Gruppenmitglieder sitzen im Kreis. Jedes Gruppenmitglied bekommt eine Nummer. Das Gruppenmitglied mit der Nummer 1 bekommt den Hut und beginnt das Spiel, indem es sagt: „Schlappes hat den Hut verlorn." Anschließend nennt es eine Nummer, sagt also z. B.: „Schlappes hat den Hut verlorn. 3 hat ihn" und wirft dem Mitspielenden mit dieser Nummer den Hut zu.Nummer 3 fängt den Hut, sagt: „3 hat ihn nicht, 5 hat ihn" und wirft den Hut Nummer 5 zu.Nummer 5 sagt: „5 hat ihn nicht, 8 hat ihn" usw.
Sobald einer der Mitspielenden sich verspricht oder den Hut an eine falsche Nummer abgibt, muss von ihm ein Pfand abgegeben werden. Nach einer vorher verabredeten Spieldauer werden diese Pfänder eingelöst, z. B. durch das Raten eines Musikrätsels oder das Singen eines Liedes.

Variation

Um das Spiel am Anfang einfacher zu machen, können statt der Nummern auch die Namen der Teilnehmenden genannt werden. So kann es auch dafür genutzt werden, sich die Namen der Gruppenmitglieder einzuprägen.

Material

Hut

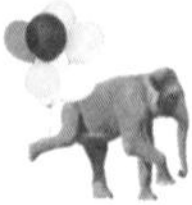

Fließband

Jedes Gruppenmitglied erhält ein Zeitungsblatt, das längs gefaltet wird, sodass es sich gut anfassen und weitergeben lässt. Alle sitzen im Kreis und haben ihre linke Hand auf den Rücken gelegt oder unter den Oberschenkel geschoben. Die rechte Hand liegt auf dem Schoß und hält die Zeitung. Die Gruppe singt nun ein „Fließbandlied", d. h. ein monotones Lied im Dreivierteltakt. Beim ersten Schlag eines jeden Takts legt jeder seine Zeitung dem linken Nachbarn auf den Schoß, sodass alle eine Zeitung abgeben, dafür aber eine neue erhalten. Auf diese Weise wandern alle Zeitungen im Takt der Musik im Kreis herum.

Gibt einer der Mitspielenden seine Zeitung nicht ab oder hat er plötzlich zwei Zeitungen auf dem Schoß, scheidet er aus. Das Spiel sollte langsam beginnen und dann schneller und schneller werden, immer jedoch entsprechend den Bewegungsmöglichkeiten der Gruppenmitglieder.

Material

Zeitungsblätter

Musiktipp

Zum Singen eignen sich beispielsweise der bekannte „Schneewalzer“ oder, etwas moderner, „Morning Has Broken“ von Cat Stevens.

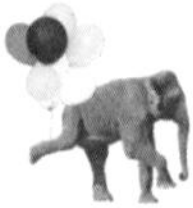

Zipp-Zapp

Die Gruppenmitglieder sitzen im Kreis, ein Gruppenmitglied steht (oder sitzt auf einem Hocker) in der Mitte. Es befindet also ein Stuhl weniger im Kreis als die Gruppe Mitglieder hat. Die Person in der Kreismitte gibt nun entweder das Kommando „Zipp“ oder das Kommando „Zapp“ und deutet dabei auf ein Gruppenmitglied im Kreis. Dieses muss bei „Zipp“ den Namen seines linken Nachbarn nennen, bei „Zapp“ den des rechten. Sagt die Person in der Mitte aber „Zipp-Zapp“, dann müssen alle, einschließlich der Person in der Mitte, von ihren Stühlen aufstehen und sich einen neuen Platz suchen. Wer dabei keinen Sitzplatz auf der Kreisbahn gefunden hat, muss als Nächster in die Mitte.

Variation

Fällt einigen Teilnehmenden das Gehen schwer, kann man das Spiel auch vereinfachen. Nun müssen bei „Zipp-Zapp“ nicht alle aufstehen, sondern die Person in der Mitte zeigt auf einen der Mitspielenden und sagt: „Zipp-Zapp, Frau/Herr ... *(Name)*“. Das angesprochene Gruppenmitglied tauscht dann mit der Person in der Mitte den Platz.

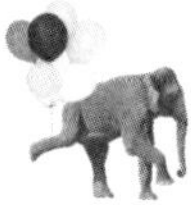

Ein unsichtbarer Ball

Die Gruppenmitglieder stehen oder sitzen im Kreis und geben einen unsichtbaren Ball weiter. Bei der „Grundübung" hält ein Gruppenmitglied den unsichtbaren Ball zwischen den Händen und gibt ihn mit einem lauten „Los!" an seinen linken Nachbarn weiter. Der „Ball" wird auf diese Weise reihum mit beiden Händen weitergegeben, bis er wieder an seinem Ausgangspunkt angekommen ist. In den weiteren Spielrunden kann das Tempo gesteigert werden, was man durch rhythmische Musik unterstützen kann. Nach und nach können zudem weitere Anweisungen eingebaut werden, z. B.:

- Ein Gruppenmitglied sagt „Stopp!" und lässt den „Ball" wieder zurückprallen. Der „Ball" wird nun in der entgegengesetzten Richtung weitergegeben.
- Der „Ball" kann mit einem „Hui!" der jeweils im Kreis gegenübersitzenden Person zugeworfen werden, die ihn dann wieder nach links weitergibt.

Musiktipp

Am besten eignet sich ein griechischer Sirtaki, da auch die Musik immer schneller werden soll!

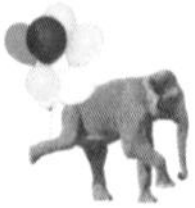

Tücherwettlauf

Für dieses Spiel werden zwei zu einem Knäuel zusammengeknotete Tücher benötigt, also z. B. ein rotes und ein blaues Tuchknäuel. Alle Gruppenmitglieder sitzen oder stehen im Kreis. Dann wird zu zweien durchgezählt. Alle Gruppenmitglieder mit der Nummer 1 gehören zu dem einen Team, die mit der Nummer 2 zu dem anderen. Die Spielleitung gibt einem Gruppenmitglied von Team 1 das rote Tuchknäuel, dem daneben sitzenden Mitglied von Team 2 das blaue Tuchknäuel.
Die Tücher werden nun gegenläufig im Kreis herumgegeben, und zwar das rote nur von Mitgliedern von Team 1 und das blaue in entgegengesetzter Richtung nur von Mitgliedern von Team 2 – es wird also beim Weitergeben immer eine Person übersprungen. Den Tücherwettlauf gewonnen hat das Team, dessen Tuch zuerst wieder am Ausgangspunkt angekommen ist.

Variation

Die Tücher können von den beiden Teams auch in der gleichen Richtung herumgegeben werden. Dann endet das Spiel, wenn ein Tuchknäuel das andere überholt hat.

Material

Tücher in unterschiedlichen Farben

Schunkeln im Kreis

Die Gruppenmitglieder bilden einen geschlossenen Kreis. Dazu können sie sich an den Händen fassen oder einander unterhaken. Wenn sich alle gut verstehen und keine Berührungsängste voreinander haben, können sich alle auch dicht nebeneinanderstellen und die Arme jeweils auf den Rücken des rechten und linken Nachbarn legen. So entsteht ein enger Kreis, der sich selbst hält. Nun wird eine ruhige, stimmungsvolle Musik gespielt. In deren Takt wiegen sich alle im Kreis, rechtsherum oder linksherum, nach vorne oder nach hinten.

Variation

Diese Form des Schunkelns kann auch im Sitzen durchgeführt werden. Dabei fassen sich alle im Kreis an den Händen oder halten die Armlehnen des Stuhls oder Rollstuhls ihrer Nachbarn fest und schunkeln nach rechts, links, vorne und hinten. Die Übung eignet sich gut zum entspannenden Abschluss einer Gruppenstunde.

Musiktipp

Als musikalische Begleitung eignen sich ruhige und harmonische Stücke, wie z. B. „La vie en rose“ von Édith Piaf oder „Für mich solls rote Rosen regnen“ von Hildegard Knef.

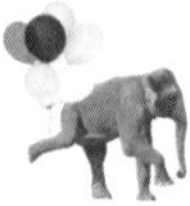

Servusklatschen

Die Gruppenmitglieder sitzen im Kreis und klatschen zur Musik:

- Zuerst klatschen alle leise,
- dann klatscht nur jedes zweite Gruppenmitglied,
- dann klatschen wieder alle,
- dann klatschen nur die, die in der ersten Runde nicht geklatscht haben,
- dann klatschen wieder alle, aber lauter als am Anfang,
- dann klatscht nur einer, dann zwei, dann drei usw., bis alle zum Schluss ganz laut klatschen,
- dann klatscht erst eine Person weniger, dann zwei, dann drei usw., bis gar keiner mehr klatscht,
- dann klatschen alle noch einmal in normaler Lautstärke und hören schließlich gemeinsam auf.

Dieses Klatschspiel eignet sich ebenfalls gut als Abschluss einer Gruppenstunde. Es gelingt am besten, wenn die Spielleitung die Rolle eines Dirigenten übernimmt. Wichtig bei diesem Spiel sind detaillierte Anweisungen vor Beginn.

Musiktipp

Beliebte „Mitklatschlieder“ sind z. B. „An der Nordseeküste“ oder „Kreuzberger Nächte sind lang“.

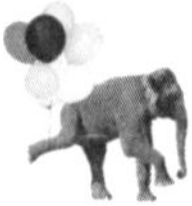

Geburtstags-Ständchen

Die Gruppe sitzt im Kreis. Sie singt das bekannte Lied:

Und wer im Januar geboren ist,
steh auf, steh auf, steh auf.
Und alle, die sich mit uns freun,
die stimmen in dies Liedchen ein:
Und wer im Januar geboren ist,
steh auf, steh auf, steh auf.

Das Lied wird nacheinander mit allen Monatsnamen gesungen, sodass jedes Gruppenmitglied ein Mal aufstehen muss.

Variation

Die Inhalte des Liedes und die Art der Bewegung sollten stets auf die Gruppenmitglieder und mit ihnen abgestimmt werden. Statt „steh auf" können z. B. auch andere Bewegungen gesungen und ausgeführt werden, z. B. „heb die Hand", „beweg den Fuß" usw.

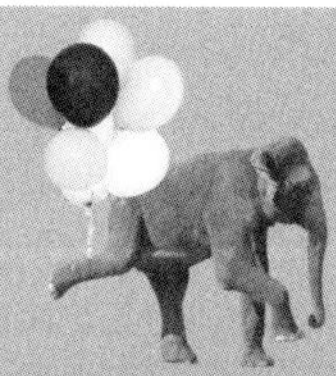

Spiele zum Werfen und Zielen

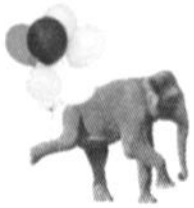

Ball-Kette

Die Gruppe steht oder sitzt im Kreis. Die Gruppenleitung gibt den Ball einem beliebigen Gruppenmitglied. Dieses wirft ihn nun einem weiteren Gruppenmitglied irgendwo im Kreis zu, das ebenso verfährt usw. Beim Zuwerfen gilt die Regel: „Merk dir genau, an wen du den Ball weitergegeben hast und von wem du den Ball bekommen hast." Denn jede Person im Kreis darf den Ball nur ein Mal bekommen und nur ein Mal weiterwerfen. Wer den Ball als Letzte bzw. Letzter bekommt, wirft ihn wieder der Gruppenleitung zu, die die Runde angefangen hat.
Dieses Spiel kann auch zum Kennenlernen genutzt werden. Dann muss jedes Gruppenmitglied immer den Namen derjenigen Person nennen, die den Ball fangen soll. Wird das Spiel im Sitzen gespielt, sollte der Kreis eher eng gestellt werden, da das Auffangen sonst meist schwerfällt.

Material

Ball

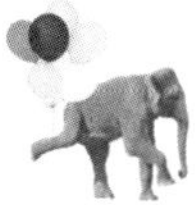

Mein und dein Luftballon

Dieses Spiel eignet sich gut als Einstieg zum Kennenlernen. Jedes Gruppenmitglied erhält einen aufgeblasenen Luftballon und schreibt mit Filzstift seinen Namen darauf. Die Ballons werden nun hochgeworfen und alle gemeinsam versuchen, sie in der Luft zu halten. Dazu wird Musik gespielt. Wenn die Gruppenleitung die Musik stoppt, halten alle den Luftballon fest, den sie gerade mit ihren Händen erreichen können, und suchen das Gruppenmitglied, dessen Name auf dem Ballon steht. Sie unterhalten sich kurz miteinander, bis die Musik wieder einsetzt und das Spiel von Neuem beginnt.
Luftballonspiele können alleine, zu zweit, in einer Gruppe, im Stehen oder im Sitzen, im Zimmer und auch draußen an der frischen Luft gespielt werden – je nach Einfallsreichtum und Spaß der Gruppe.

Material

Luftballons, wasserfeste Filzstifte, evtl. großes Tuch

Musiktipp

Für dieses Spiel eignet sich z. B. die „Nussknackersuite“ von Tschaikowsky.

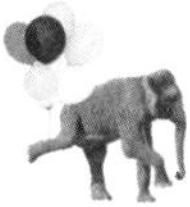

Kartoffellauf

Die Gruppenmitglieder balancieren auf einem Esslöffel eine kleine Kartoffel über eine vorgegebene Strecke. Den Löffel halten sie dabei in der Hand, mit der sie am sichersten balancieren können. Wer die Kartoffel fallen lässt, muss von vorne beginnen.
In einer zweiten Runde kann auch versucht werden, die jeweils „schwächere" Hand zu benutzen. Ganz schwer wird es, mit beiden Händen gleichzeitig je eine Kartoffel auf einem Löffel zu transportieren. Das Spiel kann auch als Wettkampf zwischen einzelnen Personen oder Gruppen ausgetragen werden.

Material

Esslöffel, kleine Kartoffeln

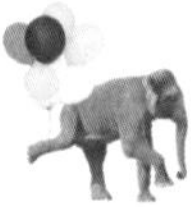

Leibwächter

Die Gruppenmitglieder stehen im Kreis. In dessen Mitte wird eine Plastikflasche aufgestellt. Ein Gruppenmitglied erhält nun die Aufgabe, diese Flasche zu bewachen. Es steht oder sitzt in der Kreismitte und muss aufpassen, dass die Flasche nicht umfällt, während die anderen versuchen, sie mit dem Ball umzuwerfen. Um das zu verhindern, kann der „Leibwächter" sich vor die Flasche stellen und den Ball fangen oder ihn mit dem Körper abwehren.
Nach jeder erfolgreichen „Verteidigung" rollt der „Leibwächter" den Ball wieder zu den anderen Gruppenmitgliedern zurück. Das Gruppenmitglied, dem es gelingt, die Flasche umzuwerfen, wird neuer „Leibwächter". Evtl. muss die Spielleitung den Ball dabei immer wieder „einfangen" und zur Gruppe zurückrollen.

Material

Plastikflasche, leichter Ball

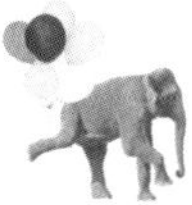

Zielrollen

Es werden zwei Gruppen von nicht mehr als jeweils acht Personen gebildet, die sich im Abstand von mindestens drei Metern hinter einer mit Kreide oder Klebeband auf dem Boden markierten Linie gegenüberstehen oder -sitzen. In der Mitte zwischen den beiden Gruppen steht ein Stuhl. Die Gruppenmitglieder müssen nun nacheinander versuchen, den Tennisball unter dem Stuhl hindurchzurollen.
Das erste Mitglied von Gruppe A rollt den Ball hin, das erste von Gruppe B rollt ihn wieder zurück usw., bis alle einmal dran waren. Gewonnen hat die Gruppe, die es geschafft hat, die meisten Bälle unter dem Stuhl hindurchzurollen. Dabei dürfen die Gruppenmitglieder ihre Linie nicht überschreiten. Das Spiel wird umso schwerer, je größer der Abstand zwischen den Linien ist.

Material

Tennisball, Kreide oder Klebeband

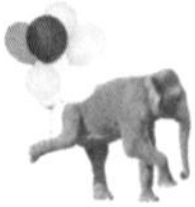

Löffelkette

Die Gruppe sitzt im Kreis. In der rechten Hand hält jedes Gruppenmitglied einen Löffel. Damit wird ein Radiergummi oder ein ähnlich leichter und kleiner Gegenstand von Person zu Person reihum weitergegeben, ohne dabei die linke Hand zu benutzen. In einer zweiten Runde wird dann von allen (sofern möglich) für diese Löffelkette die linke Hand benutzt und die rechte Hand ruhig gehalten.

Material

Radiergummi oder ähnlich leichter und kleiner Gegenstand, Löffel

Musiktipp

Für dieses Spiel eignet sich z. B. eine Instrumentalversion der „Forelle“ von Franz Schubert.

Zielwerfen

Die Gruppe sitzt im Kreis. In der Kreismitte steht ein Eimer oder ein Korb. Die Gruppenmitglieder müssen nun nacheinander versuchen, einen Ball in diesen Behälter zu werfen. Wer nicht trifft, muss eine besondere Aufgabe erfüllen, z. B. ein Lied ansingen oder -summen, das Spielen eines Instruments pantomimisch nachahmen, ein Rätsel lösen o. Ä.
Die Übung kann auch mit geschlossenen Augen wiederholt werden. Dadurch wird das Bewegungsgefühl gestärkt. Um das Werfen im Sitzen zu erleichtern, sollte der Sitzkreis am Anfang relativ eng gestellt werden, mit zunehmender Übung kann er dann vergrößert werden.

Material

kleiner leichter Ball, Eimer oder Korb

Sitz-Boccia

Die Gruppe sitzt im Kreis. In der Mitte liegt ein großer Ball und jedes Gruppenmitglied erhält einen kleinen Ball. Dann versuchen alle nacheinander, ihren kleinen Ball so dicht wie möglich an den großen Ball heranzuwerfen, ohne dass dieser dabei berührt oder aus seiner ursprünglichen Position bewegt wird. Die kleinen Bälle der Gruppenmitglieder bleiben nach jedem Wurf im Spielfeld liegen. Sie dürfen von den Bällen anderer Gruppenmitglieder getroffen und dadurch weiterbewegt werden, mit der Absicht, sie vom großen Zielball weiter wegzustoßen. Unabsichtlich kann es natürlich auch geschehen, dass sie dadurch noch näher am Zielball zu liegen kommen.
Wenn alle geworfen haben, werden die Abstände zwischen den kleinen Bällen und dem großen Ball gemessen. Wer mit seinem kleinen Ball dem großen am nächsten gekommen ist, hat gewonnen. Hat die Gruppe mehr Mitglieder als kleine Bälle vorhanden sind, wird der Abstand nach jedem Wurf gemessen.

Material

großer Ball, kleine Bälle, Bandmaß

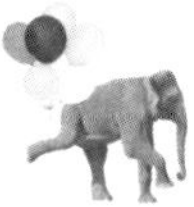

Wackeltransport

Ein kleiner Gegenstand wird auf der ausgestreckten flachen Hand von einer „Startlinie“ zu einer „Ziellinie“ transportiert. Die Linien kann man z. B. mit einer Schnur, einem auf dem Boden gezogenen Kreidestrich oder einem Klebeband markieren. Für diesen „Wackeltransport“ können alle Dinge verwendet werden, die der Gruppenleitung oder den einzelnen Gruppenmitgliedern einfallen.
Für das Transporttempo können Vorgaben gemacht werden, man kann also z. B. vereinbaren, besonders schnell zu gehen oder auch so langsam wie möglich. Der „Wackeltransport“ ist als Einzelübung, als Wettbewerb zwischen zwei Personen oder auch als Staffel, bei der mehrere Teams gegeneinander antreten, durchführbar.

Material

kleine Alltagsgegenstände (Joghurtbecher, Spitzer, Bleistifte, kleine Hefte oder Bücher, Radiergummis, Bierdeckel u. A.), Schnur bzw. Kreide oder Klebeband

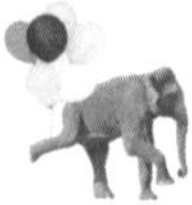

Zimmerfußball

Die Gruppenmitglieder bilden zwei Mannschaften, die sich im Abstand von etwa zwei Metern in zwei parallelen Reihen gegenübersitzen. Die Abstände zwischen den Stühlen der Nebeneinandersitzenden sollten dabei maximal so groß sein, dass sie sich bei seitlich ausgestreckten Beinen gegenseitig mit den Füßen berühren können.
Die Gruppenleitung lässt den Ball in den Raum zwischen den beiden Stuhlreihen rollen. Jede Mannschaft versucht nun, mit den Füßen Tore zu schießen bzw. Tore zu verhindern. Als „Tore“ gelten die Räume zwischen allen Stuhlbeinen. Wird ein Tor geschossen, so nimmt die Spielleitung den Ball und wirft ihn erneut zwischen die Stuhlreihen. Wird der Ball von einem Gruppenmitglied mit den Händen berührt, bekommt seine Mannschaft dafür einen Strafpunkt.

Variation

Die Gruppe sitzt im Kreis und jeder hütet nur sein eigenes „Tor“.

Material

leichter Ball

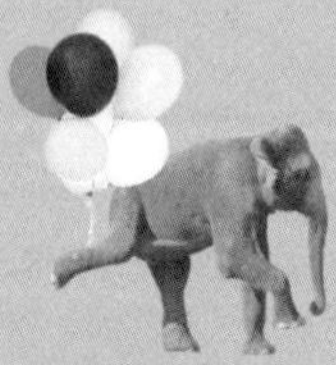

Spiele mit Musik und Gesang

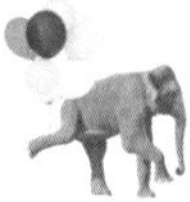

Liedtexte raten

Ein Lied wird ohne Text vorgespielt und die Gruppe muss diesen erraten. Die Lieder können auch von einzelnen Gruppenmitgliedern vorgesummt oder gepfiffen werden und die anderen finden dann gemeinsam heraus, um welches Lied es sich handelt.

Variation

Jetzt geht es darum, Lieder nur an ihrem Rhythmus zu erkennen. Ein Gruppenmitglied klatscht den Rhythmus eines Liedanfangs vor und die anderen raten, um welches Lied es sich dabei handelt. Haben sie sich auf eines geeinigt, dann klatschen alle mit oder das Lied wird gespielt oder gesungen, um die Richtigkeit der Lösung zu überprüfen. Damit dieses Spiel nicht zu schwer wird, kann die Gruppe auch hier zuvor die Auswahl thematisch beschränken oder der Vorklatscher gibt nach einiger Zeit Hinweise.

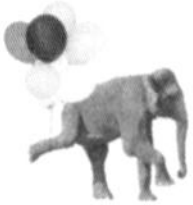

Laut oder leise

Dieses Spiel ist eine musikalische Variante des bekannten „Heiß oder kalt“-Suchspiels. Während ein Gruppenmitglied vor die Tür geht, verstecken die anderen im Raum einen beliebigen kleinen Gegenstand. Dann setzen sie sich wieder auf ihre Plätze und die vor der Tür wartende Person darf wieder hereinkommen. Sie muss nun den Gegenstand suchen. Dabei wird sie von der Gruppe mit Gesang unterstützt. Die Gruppe stimmt ein bekanntes Volkslied oder einen Schlager an und wiederholt das Lied so lange, bis der Gegenstand gefunden ist. Ist die Gruppe nicht textsicher, kann sie auch „lalala“ singen oder die Melodie nur summen.
Die Gruppe singt oder summt umso lauter, je weiter das suchende Gruppenmitglied von dem versteckten Gegenstand entfernt ist und wird immer leiser, je näher es dem versteckten Gegenstand kommt, und alle verstummen, sobald er gefunden ist.

Material

beliebiger kleiner Alltagsgegenstand

Musiktipp

„Horch, was kommt von draußen rein“ oder „In einem kühlen Grunde“ sind bekannte und beliebte Volkslieder, die die meisten auswendig können.

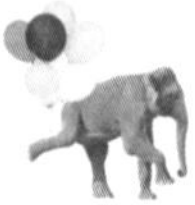

Mein Hut, der hat drei Ecken

Die meisten Gruppenmitglieder werden sich an die Melodie und vielleicht auch an den Text des Liedes „Mein Hut, der hat drei Ecken“ erinnern:

Mein Hut, der hat drei Ecken,
drei Ecken hat mein Hut.
Und hätt er nicht drei Ecken,
so wär er nicht mein Hut.

Das Lied wird zunächst einige Male gemeinsam gesungen, bis allen Text, Melodie und Rhythmus wieder geläufig sind. Dann werden beim Singen nach und nach einzelne Wörter weggelassen und durch Handbewegungen ersetzt:

- Zuerst wird das Wort „Hut“ weggelassen und durch eine Handbewegung über dem Kopf ersetzt.
- Bei der nächsten Runde wird zusätzlich das Wort „Ecken“ weggelassen und stattdessen auf den spitzen Ellenbogen gezeigt.
- Danach wird das Wort „mein“ weggelassen und mit dem Finger auf sich selbst gedeutet.

- Dann wird das Wort „drei“ weggelassen, stattdessen werden drei Finger gezeigt.
- Zuletzt wird das Wort „nicht“ durch Kopfschütteln ersetzt.

Anschließend können alle Wörter in umgekehrter Reihenfolge wieder eingesetzt werden. Die Handbewegungen können aber begleitend weiter gemacht werden.

Fleißige Waschfrauen und Handwerker

Vielleicht kennen die Gruppenmitglieder aus ihrer Kindheit noch das Lied: „Zeigt her eure Füße“:

> *Refrain: Zeigt her eure Füße, zeigt her eure Schuh*
> *und sehet den fleißigen Waschfrauen zu:*

1. Sie waschen, sie waschen,
sie waschen den ganzen Tag,
sie waschen, sie waschen,
sie waschen den ganzen Tag.
2. Sie wringen ...
3. Sie rubbeln ...
4. Sie hängen ... *(die Wäsche auf.)*
5. Sie ruhen ...
6. Sie tanzen ...

Beim Singen stehen oder sitzen die Gruppenmitglieder im Kreis und ahmen alle Tätigkeiten nach.

Variation

Das Lied „Wer will fleißige Handwerker sehn“ beinhaltet mehr typisch „männliche“ Tätigkeiten:

Refrain: Wer will fleißige Handwerker sehn,
ei, der muss zu uns hergehn.

1. Stich, stich, stich; stich, stich, stich, der Schneider näht ein Kleid für mich.
2. Zisch, zisch, zisch; zisch, zisch, zisch, der Tischler hobelt glatt den Tisch.
3. Tauche ein, tauche ein, der Maler malt die Wand mir fein.
4. Poch, poch, poch; poch, poch, poch, der Schuster schustert zu das Loch.
5. Rum, rum, rum; rum, rum, rum, der Schlosser dreht den Schlüssel um.

#

Nun bemüht sich die Gruppe, neue, eigene Reime zu finden – besonders interessant ist das, wenn Reime zu „modernen“ Berufen gefunden werden, z. B. Informatiker bzw. Computerspezialist, Elektriker, Installateur, Testfahrer, Pilot usw.

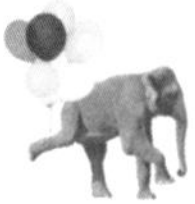

Meine Tante aus Marokko

Nach der Melodie von „Von den blauen Bergen kommen wir“ wird der folgende Text gesungen, zu den Rufen am Zeilenende werden jeweils die entsprechenden Handbewegungen gemacht. Am Ende jeder Strophe werden immer alle bisherigen Ausrufe mit Bewegungen wiederholt:

1. Meine Tante aus Marokko, wenn sie kommt, hi, ho, ***(erst die linke, dann die rechte Hand an die Schulter)***
   meine Tante aus Marokko, wenn sie kommt, hi, ho, ***(Bewegung wie oben)***
   meine Tante aus Marokko, meine Tante aus Marokko, meine Tante aus Marokko, wenn sie kommt, hi, ho. ***(Bewegung wie oben)***
2. Und sie kommt auf zwei Kamelen, wenn sie kommt, hoppeldipopp ... ***(mit den Füßen traben)***
3. Und sie schießt aus zwei Pistolen, wenn sie kommt, piff, paff ... ***(mit den Zeigefingern in alle Richtungen schießen)***
4. Und dann trinken wir ’ne Cola, wenn sie kommt, gluck, gluck ... ***(Trinkbewegungen machen)***
5. Und dann backen wir ’nen Kuchen, wenn sie kommt, knatsch, knatsch ... ***(die Bewegung des Teigknetens machen)***

6. Und dann schlachten wir ein Hühnchen, wenn sie kommt, krr, krr ... ***(die Bewegung des Hals-Umdrehens machen)***
7. Und dann schreibt sie uns ’nen Brief, dass sie nicht kommt, schluchz, schluchz ... ***(weinen und langsam singen)***
8. Und dann essen wir das Hühnchen ganz allein, schmatz, schmatz ... ***(den Bauch reiben)***
9. Und dann schreibt sie uns ’nen Brief, dass sie doch kommt, hurra ... ***(die Arme in die Luft werfen)***
10. Und dann läuten alle Glocken, wenn sie kommt, bim, bam ... ***(Bewegung, als würde man Glocken läuten)***

Nach der letzten Strophe werden noch einmal alle Geräusche und Bewegungen wiederholt. Die Gruppe kann selbstverständlich einige Strophen weglassen, weitere hinzudichten oder ganz andere erfinden.

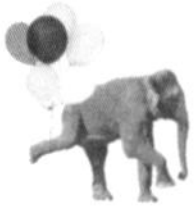

Orchesterprobe

Zu ausgewählten Musikstücken mimen die Gruppenmitglieder das Orchester. Alle Mitspielenden suchen sich in Gedanken ein Instrument aus und begleiten die Musik pantomimisch mit den entsprechenden Bewegungen. Die Gruppenleitung dirigiert.

Variation

Auf diese Weise kann auch ein realer Chor virtuell begleitet werden. Die Gruppenmitglieder singen ein Lied und begleiten sich dabei selbst mit den von ihnen ausgewählten virtuellen Instrumenten. Sind in der Gruppe Personen, die nicht so gut singen können, so können diese die „instrumentale Begleitung“ übernehmen, während die anderen singen.

Musiktipp

Gut geeignet hierfür ist z. B. „Freude, schöner Götterfunken“ von Beethoven in großer orchestraler Besetzung oder ein Lied aus den „Carmina Burana“.

Guggenmusik

Mit „Guggenmusik“ wird im Alemannischen eine stark rhythmische, auf sehr eigene Art „falsch“ gespielte Blasmusik bezeichnet. Meistens wird sie gekonnt knapp neben der Melodie gespielt, aber so, dass man diese noch gut erkennt. Oft werden Kinder- oder Volkslieder oder bekannte volkstümliche Hits so gespielt.
Die Gruppenmitglieder können zu „Guggenmusikanten“ werden, indem sie alle möglichen Gegenstände in „Musikinstrumente“ verwandeln und damit eine gleichzeitig abgespielte Melodie begleiten.

Beispiele

- auf dem Kamm oder einer Flasche blasen
- mit einer Zeitung auf den Tisch schlagen oder rascheln
- auf Dosen klopfen
- mit dem Schlüsselbund klappern
- ein Glas klingen lassen
- mit Stiften trommeln
- Deckel gegeneinanderschlagen.

Material

Alltagsgegenstände, mit denen man Töne erzeugen kann

Musiktipp

Guggenmusik gibt es auch auf CD zu kaufen oder im Internet anzuhören. Für „Guggenmusik" eignen sich z. B. der alte Schlager „Marina" oder auch klassische Musikstücke wie etwa „Ein Mädchen oder Weibchen" aus Mozarts Oper „Die Zauberflöte".

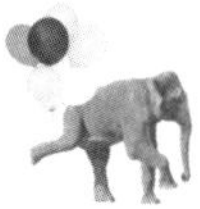

Neue Bewegung mit Musik

Alle Gruppenmitglieder bewegen sich zur Musik frei im Raum. Ab und zu stoppt die Gruppenleitung die Musik und gibt Bewegungsanweisungen. Dann müssen sich alle z. B. neben, auf, hinter, vor oder über etwas stellen.

Weitere Möglichkeiten: Sie müssen

- möglichst viele Hände schütteln
- einen Gegenstand aus Holz berühren
- etwas Blaues anfassen.

Musiktipp

Zu diesem Spiel passt fröhliche Musik mit viel Rhythmus, wie z. B. „Ach, ich hab sie ja nur auf die Schulter geküsst“ aus der Operette „Der Bettelstudent“ von Carl Millöcker, oder ähnliche bekannte Operettenmusik.

Musikmalen

Die Gruppenmitglieder sitzen am Tisch und haben ein möglichst großes Blatt Papier oder dünnen Karton sowie verschiedenfarbige Wachsmalkreiden oder Buntstifte vor sich liegen. Dann wird ein Musikstück gespielt. Zunächst sollen sich alle nur auf die Musik konzentrieren. Nach einiger Zeit werden sie gebeten, nach der Musik zu malen, ihre Empfindungen beim Hören der Musik zeichnerisch auszudrücken. Dabei soll nichts Gegenständliches gemalt werden, sondern es kommt darauf an, die Hände so nach der Musik zu bewegen, dass einfache, vom Rhythmus getragene Linien und Formen auf dem Papier entstehen.

Material

große Papier- oder Kartonbögen, Wachsmalkreiden oder Buntstifte

Musiktipp

Als Musikstücke hierfür eignen sich ruhige und harmonische Werke, wie sie z. B. auf CDs mit sogenannter

„Entspannungsmusik“ zu finden sind, denn das Musikmalen ist eine gute Entspannungsübung. Besonders empfehlenswert sind z. B. „Der Schwan“ aus „Karneval der Tiere“ von Camille Saint-Saëns oder das bekannte englische Stück „Greensleeves“.

Ein Musical spielen

Lieder können nicht nur gesungen und dabei mit Gesten begleitet werden. Sie können auch, während alle gemeinsam singen, mit verteilten Rollen durch Mimik und Gestik „dargestellt“ werden. Vor dem Singen einigen sich die Gruppenmitglieder darauf, wer welche Rolle darstellt und gegebenenfalls auch, wie die Rollen gestaltet werden können. Als „Musical“-Stücke eignen sich in besonderem Maße Lieder mit viel Handlung. Diese finden sich z. B. im Bereich der Volks- und Kinderlieder, aber auch bei Operettenliedern oder Schlagern.

Beispiele für Lieder, in denen mehrere Personen auf vielfältige Weise miteinander agieren, sind:

Die Loreley: Ein Gruppenmitglied mimt die „Loreley“. Sie kämmt ihre Haare und schaut verführerisch. Einige andere werden zu „Fischern“. Sie „rudern“ und schmachten die Loreley an und merken dabei nicht, wie ihr Boot in einen Strudel gerät. Einige können auch zu „Rheinfelsen“ werden. Sie „bauen“ sich vor den Fischerbooten auf und behindern deren Sicht.

Die Vogelhochzeit: Ausgewählte Strophen werden gesungen und gleichzeitig mit verteilten Rollen nachgespielt.

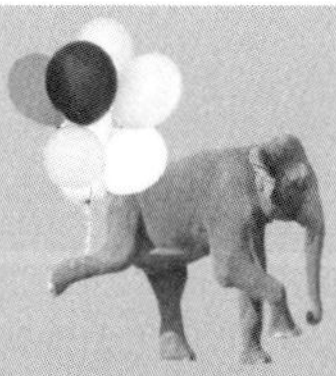

Spiele mit Rhythmus und Tanz

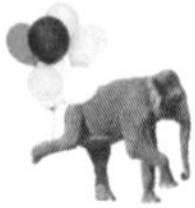

Musik empfinden

Die Gruppenmitglieder sollen Erfahrungen damit machen, Musik körperlich zu empfinden und ihre Empfindungen in angemessene natürliche Bewegung umsetzen. Sobald die Musik beginnt, gibt die Spielleitung den Gruppenmitgliedern Anweisungen. Sie sollen

- der Musik zunächst mit geschlossenen Augen zuhören und sich zu den Klängen vor ihrem inneren Auge ein Bild vorstellen,
- dann nur die rechte Hand zur Musik bewegen,
- die Musik „in die Luft schreiben“,
- mit beiden Händen dirigieren und schließlich
- den ganzen Körper zur Musik bewegen.

Das Spiel kann im Sitzen oder Stehen durchgeführt werden. Die Bewegungsvorschläge können beliebig erweitert oder ergänzt werden.

Musiktipp

Als Musik hierfür eignen sich besonders abwechslungsreiche Stücke wie z. B. Friedrich Smetanas „Die Moldau“.

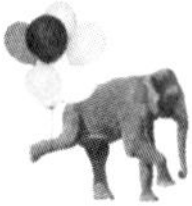

Auf der Stelle tanzen

Alle Gruppenmitglieder stehen oder sitzen zunächst im Raum, ohne sich zu bewegen. Die Spielleitung lässt eine stark rhythmisch betonte Musik laufen und gibt dazu nacheinander einzelne Körperteile zur Bewegung frei, z. B. zuerst die Stirn, dann die Augen, dann den kleinen Finger der linken Hand, dann den Daumen der rechten Hand, dann die linke Hüfte, dann den rechten Fuß usw. Alle Bewegungen müssen weitergemacht werden, auch wenn eine neue hinzukommt. Nach einiger Zeit können die Bewegungen auf Anweisung der Spielleitung in umgekehrter Reihenfolge wieder eingestellt werden – bis alle wieder bewegungslos im Raum stehen oder sitzen. Die Art und Anzahl der Bewegungen müssen dabei natürlich den Möglichkeiten der Gruppenmitglieder angepasst werden.

Musiktipp

Zu diesem Spiel benötigt man rhythmische Musik, wie z. B. „Puttin' on the Ritz" oder „Begin the Beguine", möglich ist auch „Let's Twist Again" von Chubby Checker.

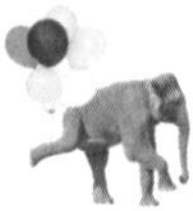

Laufsteg

Ein Streifen in der Mitte des Raumes wird zum Laufsteg erklärt. Die Gruppenmitglieder sitzen als Publikum rechts und links davon. Nach und nach schreiten die Gruppenmitglieder nun hin und zurück über den Laufsteg – zuerst alleine, dann auch zu zweit, zu dritt oder als größere Gruppe. Zu unterschiedlichen Musikstücken bewegen sie sich nach ihrem Empfinden, ihrem Bedürfnis und ihren Bewegungsmöglichkeiten. Alle versuchen, sich ganz auf die Musik einzulassen. Die Musikstücke kann die Gruppenleitung aussuchen oder aber auch die Gruppe oder einzelne Gruppenmitglieder lassen ihre Lieblingsmusik spielen. Nach besonders gelungenen Darbietungen darf von den Zuschauenden natürlich auch ausgiebig Beifall geklatscht werden.

Musiktipp

Für dieses Spiel bieten sich Lieder an wie z. B. „Non, je ne regrette rien“ von Edith Piaf oder „Für mich solls rote Rosen regnen“ von Hildegard Knef.

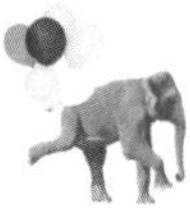

Neues Glück

Die Gruppenmitglieder stehen sich in einem Innen- und einem Außenkreis paarweise gegenüber. Während die Musik ein Wanderlied spielt, setzen sich beide Kreise in entgegengesetzter Richtung in Bewegung. Plötzlich bricht die Musik ab. Statt des Wanderlieds erklingt nun ein Walzer und die beiden Gruppenmitglieder, die sich jeweils gerade gegenüberstehen, tanzen dazu miteinander. Nach einer Weile wird wieder ein Wanderlied gespielt, die Tanzpaare trennen sich und nehmen wieder einen Platz im Innen- oder Außenkreis ein. Dort wandern sie weiter, bis sie mit einem neuen Gegenüber ein weiteres Tänzchen im Dreivierteltakt wagen können.

Musiktipp

Als Wanderlied ist z. B. „Das Wandern ist des Müllers Lust“ oder „Der fröhliche Wandersmann“ geeignet. Dieses wird abgelöst z. B. durch den „Kaiserwalzer“ von Johann Strauß (Sohn) oder „Gold und Silber“ von Franz Lehar.

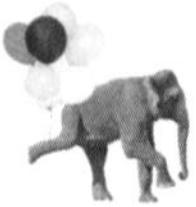

Stöckchen-Tanz

Die Gruppenmitglieder bilden Paare. Diese gehen zu ruhiger Musik im Raum umher. Die Paare sind durch ein Stöckchen, das sie mit den Zeigefingern halten, miteinander verbunden. Sie bewegen sich nach Anweisung der Gruppenleitung im Rhythmus der Musik, ohne dass das Stöckchen herunterfallen darf.

Beispiele

- durch den Raum schreiten
- in die Hocke gehen
- das Stöckchen bis in Schulterhöhe heben
- das Stöckchen bis zur Hüfte senken
- einen großen Schritt machen
- über ein Hindernis hinwegsteigen

Material

kleine Stöckchen (z. B. neue, noch nicht angespitzte Bleistifte)

Musiktipp

Für diese Übung braucht man ruhige Musik, z. B. die „Träumerei“ von Robert Schumann oder das „Ave Maria“ von Franz Schubert.

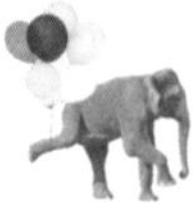

Sitzboogie

Die Gruppe sitzt im Kreis. Die Gruppenleitung legt eine „zündende“ Musik im Viervierteltakt auf, zu der sich gut Boogie tanzen lässt. Zum Rhythmus dieser Musik üben alle die folgenden Bewegungen ein:

- Takt 1: Mit beiden Händen zwei Mal flach auf die Oberschenkel schlagen und zwei Mal in die Hände klatschen.
- Takt 2: Beide Hände mit den Handrücken nach oben mit kurzen Bewegungen zwei Mal überkreuzen, wobei die rechte Hand oben ist. Dasselbe mit der linken Hand oben wiederholen.
- Takt 3: Beide Hände zwei Mal schräg nach rechts unten und anschließend zwei Mal schräg nach links unten stoßen.
- Takt 4: Nach links verbeugen und nach rechts verbeugen.

Danach beginnen alle genannten Bewegungen von vorne, bis die Musik aufhört.

Musiktipp

Für dieses Spiel eigen sich z. B. der „Jungle Boogie“ von Kool & The Gang oder das bekannte Lied „Yes Sir, I Can Boogie“ von Baccara.

Damen und Herren

Alle Gruppenmitglieder stehen im Kreis. Jeweils eine Person übernimmt die Rolle der „Dame“, die jeweils daneben stehende die des „Herren“, sodass sich im Kreis je eine „Dame“ und ein „Herr“ abwechseln. Nun beginnt der Tanz:

- Alle fassen sich an den Händen.
- Sie machen zuerst gemeinsam im Takt der Musik im Kreis 16 Schritte nach rechts.
- Dann folgt das Kommando „Damen!“, worauf diese vier Schritte vor- und wieder zurückgehen, die „Herren“ bleiben so lange stehen.
- Als Nächstes folgt das Kommando „Herren!“, worauf diese vier Schritte vor- und wieder zurückgehen, während nun die „Damen“ stehen bleiben.
- Schließlich gehen auf das Kommando „alle!“ die „Damen“ und die „Herren“ vier Schritte vor und zurück.
- Danach drehen sich die „Damen“ und die „Herren“ einander zu.
- Sie reichen sich die rechte Hand, gehen rechts aneinander vorbei, reichen demjenigen, der nun vor ihnen steht, die linke Hand, gehen links aneinander vorbei usw.

- Dies tun sie so lange, bis die Gruppenleitung „Kreis!“ ruft. Nun nehmen alle wieder die Ausgangsstellung ein und gehen erneut Hand in Hand im Kreis herum.
- Dann beginnt die Schrittfolge mit dem Kommando „Damen!“ wieder von vorne.

Die verschiedenen Phasen sollten zunächst einzeln eingeübt werden, damit ein harmonischer Tanz entsteht. Dabei können auch einzelne Teile weggelassen oder neue hinzugefügt werden.

Musiktipp

Für diesen Tanz sind der „Einzugsmarsch“ aus der Operette „Der Zigeunerbaron“ von Johann Strauß (Sohn) oder der berühmte „Hochzeitsmarsch“ aus Felix Mendelssohn-Bartholdys „Ein Sommernachtstraum“ bestens geeignet.

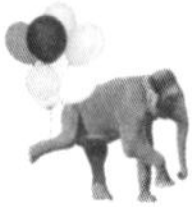

Stuhl-Tanz

Jedes Gruppenmitglied braucht einen Stuhl mit Rückenlehne, aber ohne Armlehnen. Die Gruppenmitglieder stellen sich hinter ihren Stuhl. Dann bewegen sie sich nach der Musik an und mit ihrem Stuhl. Die Bewegungsformen werden dabei von der Gruppenleitung angesagt und natürlich auch vorgemacht.

Beispiel

- Zuerst an der Stuhllehne festhalten und auf der Stelle gehen
- dann um den Stuhl herumgehen
- als Nächstes auf den Stuhl setzen und abwechselnd den rechten und den linken Arm strecken
- danach, auf dem Stuhl sitzend, abwechselnd den rechten und den linken Fuß heben.

Die verschiedenen Bewegungsideen für den Stuhltanz sollten natürlich den Bewegungsmöglichkeiten der Gruppenmitglieder angepasst werden. Wer mag, kann eine ganze „Stuhl-Tanz-Choreografie" zu einem bestimmten Musikstück entwickeln und einüben.

Variation

Natürlich kann der Stuhltanz auch ganz im Sitzen durchgeführt werden. Hier wieder ein Beispiel:

- Im Sitzen auf der Stelle gehen und dabei auch die Arme im Takt bewegen
- dann zuerst den linken Fuß und danach den rechten Fuß ausstrecken und wieder zum Körper heranziehen
- beide Arme heben und mit den Händen winken
- beide Arme nach rechts und dann nach links strecken und dies ein Mal wiederholen
- mit den Füßen stampfen
- die Schultern schütteln und wieder von vorne beginnen.

Musiktipp

Gut geeignet für den Stuhl-Tanz ist z. B. „Ich brech die Herzen der stolzesten Fraun“, gesungen von Heinz Rühmann.

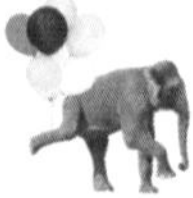

Sirtaki

Der Sirtaki ist ein Reihentanz aus Griechenland mit einfachen Schrittfolgen. Auch ungeübte oder neue Gruppenmitglieder können rasch mittanzen. Sie schließen sich einfach der Tanzkette an und machen die Bewegungen der anderen nach. Für den Sirtaki stellen sich alle Gruppenmitglieder in einer Reihe auf. Dann reichen sich alle in Kopfhöhe die Hände oder legen die Arme jeweils über die Schultern der neben ihnen Stehenden und wandern so mit Seitschritten erst nach rechts und dann nach links oder im Kreis herum. Im Takt der Musik tanzen sie dazu folgende Schritte:

- Zuerst kreuzen sie das rechte Bein über das linke.
- Dann machen sie mit dem linken Bein einen Schritt zur Seite, sodass beide Beine wieder nebeneinander stehen.
- Nun machen sie wieder einen Kreuzschritt usw.

Wer am Anfang der Kette steht (das wird zunächst die Gruppenleitung sein), führt diese an und gibt die Schrittfolge und Tanzrichtung vor, indem er bzw. sie sich entweder im Kreis, nach rechts oder nach links bewegt. Die Tanzgeschwindigkeit wird von der Musik vorgegeben. Der Sirtaki beginnt traditionell mit langsamen Schritten und wird dann immer schneller.

Musiktipp

Die bekannteste Sirtaki-Musik ist von Mikis Theodorakis aus dem Film „Alexis Sorbas“.

Hut-Tanz

Die Gruppenleitung legt Musik auf, zu der die Gruppenmitglieder einzeln oder paarweise tanzen. Ein Gruppenmitglied bekommt den Hut aufgesetzt. Dieser Hut wird dann während des Tanzens von Kopf zu Kopf weitergegeben. Wer ihn aufgesetzt bekommt, muss ihn so schnell wie möglich wieder loswerden. Derjenige, der den Hut aufhat, wenn die Gruppenleitung die Musik stoppt, setzt für den Rest dieser Spielrunde aus.

Material

Hut

Musiktipp

Für den Hut-Tanz bietet sich z. B. an „Davon geht die Welt nicht unter“, gesungen von Zarah Leander.

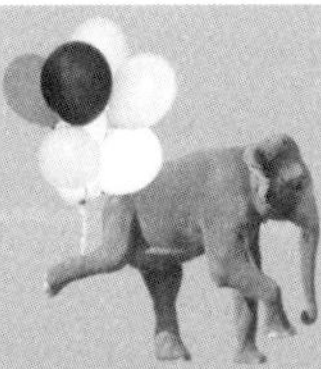

Spiele, die Körper und Geist bewegen

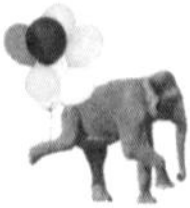

Hallihallo!

Die Gruppe steht im Kreis vor den Stühlen. Die Spielleitung steht in der Mitte, wirft einem Gruppenmitglied einen kleinen Ball zu und stellt ihm gleichzeitig eine Aufgabe.

Beispiele für Aufgaben

- einen weiblichen Vornamen nennen, der mit „M" beginnt und mit „a" aufhört (z. B. Maria, Magdalena, Monika o. Ä.)
- Tänze aufzählen, die mit einem bestimmten Anfangsbuchstaben beginnen
- Lieder zu einem bestimmten Thema nennen (z. B. Nacht, Frühling etc.)
- Obstsorten in einer bestimmten Farbe nennen

Fallen dem Gruppenmitglied keine passenden Namen oder Begriffe ein, muss es sich hinsetzen und den Ball zur Gruppenleitung zurückwerfen. Nun bekommt ein anderes Gruppenmitglied den Ball zugeworfen und muss versuchen, passende Namen oder Begriffe zu finden. Wer das schafft, ruft anschließend „hallihal-

lo!“, und muss den Ball durch die zum Kreis gefassten, offenen Arme der Gruppenleitung werfen.
Gelingt das, so tauscht dieser Mitspielende mit der Gruppenleitung die Rollen und führt das Spiel von der Kreismitte aus weiter. Hat er den Armkreis nicht getroffen, setzt er sich wieder hin. Die Gruppenleitung wirft dann den Ball einem anderen Gruppenmitglied zu und stellt eine neue Aufgabe.

Material

kleiner Ball

Ball-Wettrennen

Die Gruppe sitzt im Kreis. Die Spielleitung steht in der Kreismitte. Im Sitzkreis wird ein Ball von Hand zu Hand weitergegeben. Wenn der Ball nicht im Blickfeld der Spielleitung ist, ruft sie irgendwann „Halt!" und nennt einen Buchstaben. Die Spielleitung kann aber auch die Augen schließen, damit sie wirklich nicht sieht, bei welchem Gruppenmitglied sie „Halt!" ruft. Dasjenige Gruppenmitglied, das den Ball dann gerade in Händen hält, gibt den Ball an seinen Nachbarn weiter und muss nun fünf (oder, je nach Gruppengröße, weniger oder mehr) Hauptwörter mit dem genannten Anfangsbuchstaben nennen – und zwar in der Zeit, die der Ball braucht, bis er wieder zu ihm zurückgekommen ist. Gelingt ihm das, löst es die Spielleitung ab. Das Tempo, mit dem der Ball weitergegeben wird, darf sich dabei aber nicht verändern. Natürlich können auch andere Aufgaben gestellt werden.

Beispiele

- Fünf Wörter, die irgendetwas mit Bewegung zu tun haben, also beim Angangsbuchstaben „L“ z. B. Laufen, Leistung, Latte, Leichtathletik, Läufer
- Fünf Wörter, die etwas mit Musik zu tun haben, also beim „L“ z. B. Lied, Largo, leise, Libretto, Leier

Material

kleiner Ball

Musik bewegt

Alle Gruppenmitglieder bewegen sich zu rasch wechselnden Musikstücken im Raum. Jeder Stilrichtung wird vor Spielbeginn eine bestimmte Bewegung zugeordnet. Bei Volksliedern müssen z. B. alle vorwärts gehen, bei Schlagern seitwärts, bei Walzern muss jedes Gruppenmitglied mit einem Partner zusammengehen u. Ä. Dieses Spiel gelingt am besten, wenn jemand Live-Musik auf Klavier, Gitarre oder Ziehharmonika spielt und die Musik-Art daher schnell wechseln kann. Ist keine Live-Musik möglich, dann muss die Gruppenleitung vor dem Spiel passende Musik zusammenstellen.

Musiktipp

Passende Musikstücke aus unterschiedlichen Stilrichtungen sind z. B. „Adieu, mein kleiner Gardeoffizier“ aus dem Film „Das Lied ist aus“, „Wenn alle Brünnlein fließen“, „An der schönen blauen Donau“ von Johann Strauß (Sohn) oder „Das Wandern“ aus Schuberts Liederzyklus „Die schöne Müllerin“ etc.

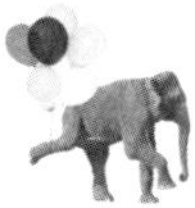

Klatsch die böse 7

Die Gruppenmitglieder sitzen im Kreis und klatschen mit ihren Händen abwechselnd auf ihre beiden Oberschenkel und ein Mal in die Hände. Dabei wird im Rhythmus von 1 an gezählt: „1, 2, 3, 4, 5, 6“ usw. Bei jeder Zahl, in der eine 7 vorkommt oder die ein Vielfaches von 7 ist, wird aber nicht die Zahl genannt, sondern stattdessen „ups“ gesagt, also: „1, 2, 3, 4, 5, 6, ups, 8, 9, 10, 11, 12, 13, ups, 15, 16“ usw.
Wer die Zahl dennoch ausspricht oder aus dem Rhythmus kommt, scheidet aus, d. h., das Gruppenmitglied bleibt bei der nächsten Runde einfach stumm.
Das Spiel endet, wenn die Gruppe bei einer vorher festgelegten Zahl angekommen ist. Wird um die Wette gespielt, hat derjenige gewonnen, der bis zuletzt keinen Fehler gemacht hat. Statt der 7 kann natürlich auch jede andere Zahl von 1 bis 9 zur Tabu-Zahl werden.

Berufe raten

Die Gruppenmitglieder sitzen im Kreis. Ein Mitspieler geht in die Kreismitte und macht für einen bestimmten Beruf typische Handbewegungen. Die Person, die als Erste errät, welcher Beruf dargestellt wird, geht als Nächste in die Mitte und führt nur mit ihren Handbewegungen einen neuen Beruf vor.

Beispiele

- Kraftfahrer (das Lenkrad drehen)
- Gärtner (graben, harken, gießen)
- Friseurin (kämmen, den Spiegel hinhalten)
- Dirigent (den Taktstock bewegen)
- Sekretärin (den Computer einschalten, tippen)

Anklatschen

Alle Gruppenmitglieder stehen oder sitzen im Kreis. Ein Gruppenmitglied beginnt und klatscht ein Mal in die Hände. Dann wendet es sich seinem rechten Nachbarn zu, schaut ihm in die Augen und klatscht ein Mal nach rechts. Nun klatscht der Nachbar weiter. Er kann entweder nach rechts oder links blicken und den rechts oder den links von ihm sitzenden Nachbarn anklatschen. Der Nachbar, den er sich ausgesucht hat, klatscht dann ebenfalls auf die genannte Weise weiter. Es muss aber nicht immer der unmittelbare Nachbar angeklatscht werden. Jedes Gruppenmitglied kann auch einen beliebigen anderen Mitspieler im Kreis anklatschen, z. B. den, der ihm gegenübersitzt, indem es diesen genau fixiert und in seine Richtung klatscht. Dann klatscht dieser wie erläutert weiter.
Wer nicht reagiert oder einen Fehler macht, scheidet aus, d. h., er setzt sich hin oder faltet im Sitzen die Hände. Das Spiel kann langsam beginnen und immer schneller werden. Es kann sowohl ohne als auch mit Musikbegleitung geklatscht werden.

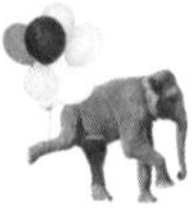

Ribbel Dibbel

Alle Gruppenmitglieder sitzen im Kreis und bekommen zunächst eine Nummer zugeordnet: 1, 2, 3 usw. Dann klatschen alle gemeinsam und im gleichen Rhythmus zunächst auf ihre Oberschenkel, anschließend in die Hände, schnipsen mit den Fingern, klatschen wieder auf ihre Oberschenkel, dann wieder in die Hände usw. Dazu beginnt einer der Mitspieler und sagt die Worte: „Ribbel Dibbel Nr. 1 ***(oder eine andere Nummer)*** ruft Ribbel Dibbel Nr. 2 ***(oder eine andere Nummer)***“, und zwar in folgendem Rhythmus:
„Ribbel ***(auf die Oberschenkel klatschen)*** Dibbel ***(in die Hände klatschen)*** Nr. 1 ***(mit den Fingern schnipsen)*** ruft Ribbel ***(auf die Oberschenkel klatschen)*** Dibbel ***(in die Hände klatschen)*** Nr. 2 ***(mit den Fingern schnipsen)***!“
Die so angerufene Nummer 2 macht nun auf die gleiche Weise weiter, nur ruft sie eine andere Nummer auf, die das Spiel genau so fortführt usw.
Wer aus dem Takt kommt oder sich verspricht, bekommt einen „Dibbel“. Das kann z. B. ein Klecks Hautcreme, ein Lippenstiftpunkt oder ein kleiner Klebepunkt sein. Wer am Spielende die wenigsten „Dibbel“ hat, hat gewonnen.

Material

Hautcreme, Lippenstift oder kleine Klebepunkte

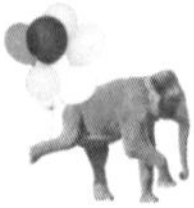

Vogel fliegt, Mensch läuft, Fisch schwimmt

Die Gruppenmitglieder sitzen im Kreis. Sie trommeln mit beiden Händen auf ihre Oberschenkel. Die Spielleitung nennt unterdessen Lebewesen oder Dinge, die sich in der Luft, auf dem Land oder im Wasser fortbewegen. Ähnlich wie beim Spiel „Alle Vögel fliegen hoch“, heben die Gruppenmitglieder die Arme bei allem, was fliegt, sie trampeln mit den Füßen auf den Boden bei allem, was läuft, und machen mit den Armen Schwimmbewegungen bei allem, was schwimmt – und trommeln ansonsten gleichmäßig weiter bei allem, was sich gar nicht bewegt.

Musiktipp

Die Gruppenleitung oder ein taktsicheres Gruppenmitglied begleitet mit einer kleinen Trommel oder einem Tamburin. So fällt das Spiel leichter.

Reisevorbereitungen

Dieses Spiel ist eine Variante des bekannten „Kofferpackens“. Die Gruppenmitglieder sitzen im Kreis. Ein Mitspieler beginnt mit den Worten: „Ich verreise, aber vorher muss ich noch Staub wischen“ und macht dazu eine Bewegung, als ob er Staub wischen würde. Anschließend erzählt sein Nachbar, dass er ebenfalls verreisen und erst noch Staub wischen will und ahmt die entsprechende Bewegung seines Vorgängers nach. Dann fügt er eine neue „Reisevorbereitung“ mit der dazugehörigen Bewegung hinzu, sagt also z. B.: „Ich verreise, aber vorher muss ich noch Staub wischen und die Blumen gießen.“ Jedes weitere Gruppenmitglied wiederholt die bisher genannten Tätigkeiten und Bewegungen und fügt jeweils etwas Neues hinzu.
Bei einer großen Gruppe sollte vor Spielbeginn besprochen werden, wie viele „Reisevorbereitungen“ jeweils wiederholt werden müssen. Die Wiederholung der Handlungen kann dann z. B. auf die letzten drei, die genannt wurden, beschränkt werden. Je geübter die Gruppe ist, desto mehr Bewegungen können jedoch wiederholt werden. Bei diesem Spiel erkennen die Gruppenmitglieder meist rasch Fortschritte in ihrer Merk- und Bewegungsfähigkeit – es macht ihnen daher großen Spaß.

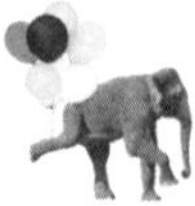

Musikalische Spruchweisheiten darstellen

Die Gruppenmitglieder sammeln Spruchweisheiten und Redensarten, die in irgendeiner Weise mit Musik und Tanz zu tun haben. Einzelne oder mehrere Gruppenmitglieder gemeinsam suchen sich von vorbereiteten Kärtchen einen entsprechenden Spruch aus oder überlegen sich selbst einen solchen und stellen ihn dann pantomimisch dar. Die anderen versuchen jeweils, den Spruch zu erraten.

Beispiele

- nach jemandes Pfeife tanzen
- aus der Reihe tanzen
- Wenns dem Esel zu wohl wird, geht er aufs Eis tanzen.
- die Puppen tanzen lassen
- auf die Pauke hauen
- ins gleiche Horn stoßen
- Vögel, die am Morgen singen, frisst am Tag die Katze.
- Wes Brot ich ess, des Lied ich sing.

- die erste Geige spielen
- die Trommel für etwas rühren
- mit Pauken und Trompeten untergehen

Material

evtl. mit Sprüchen beschriftete Kärtchen

Don Bosco MiniSpielothek
Klein, fein, alles drin

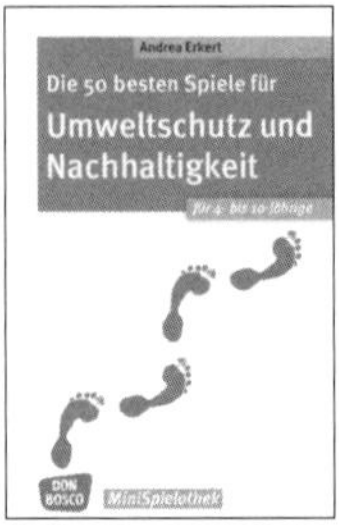

ISBN 978-3-7698-2555-8

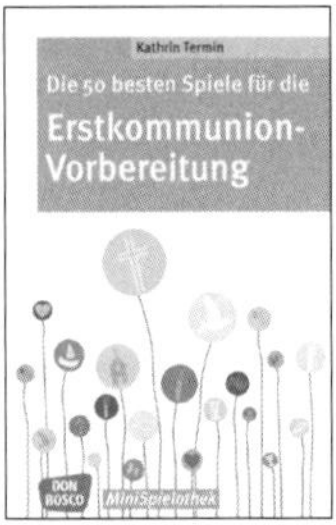

ISBN 978-3-7698-2556-5

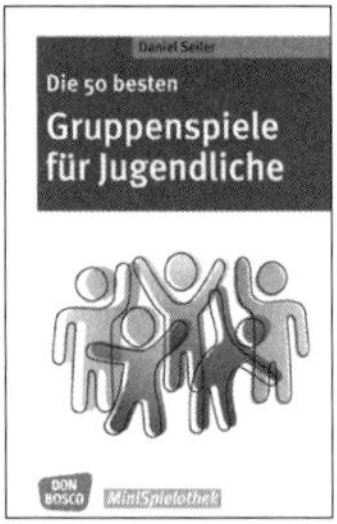

ISBN 978-3-7698-2545-9

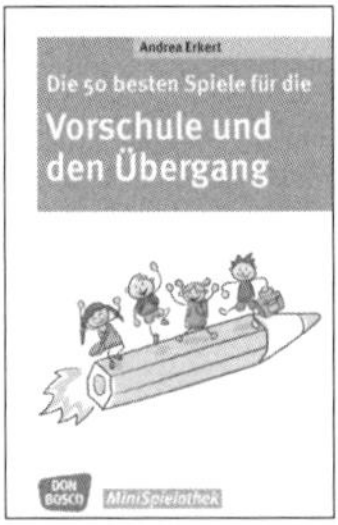

ISBN 978-3-7698-2546-6

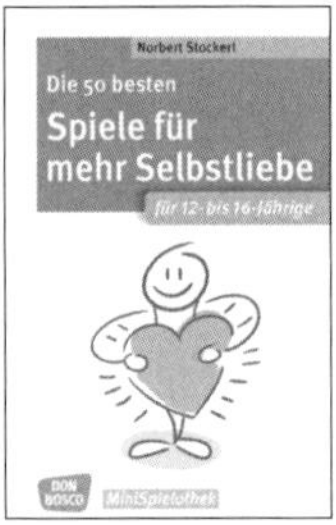

ISBN 978-3-7698-2539-8

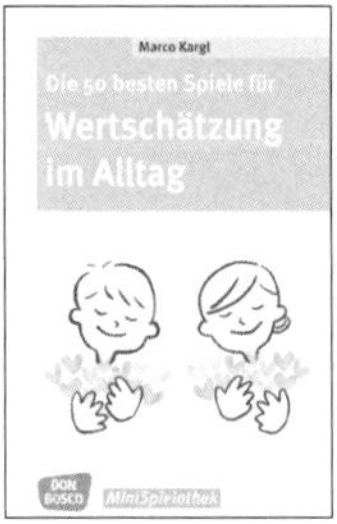

ISBN 978-3-7698-2540-4

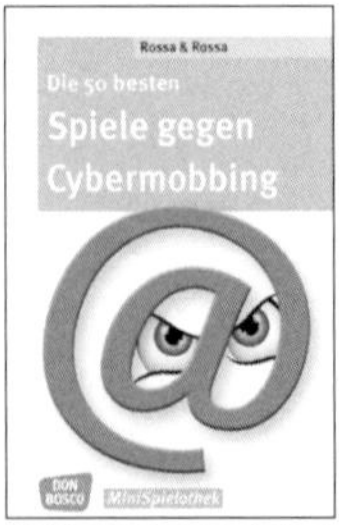

ISBN 978-3-7698-2520-6

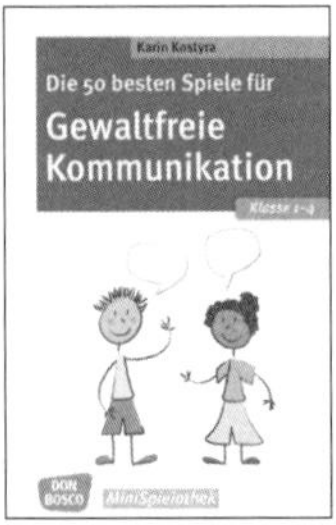

ISBN 978-3-7698-2521-3

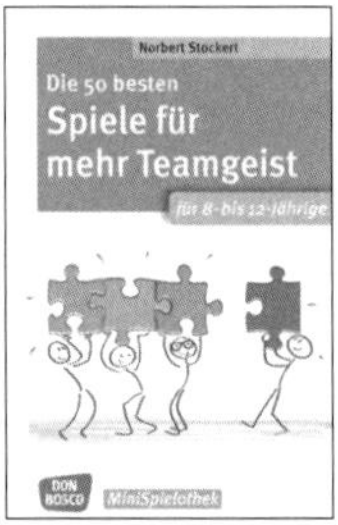

ISBN 978-3-7698-2509-1